잊힌 골목에서
꺼낸 질문들

잊힌 골목에서   꺼낸 질문들

풍경 뒤편의 이야기들 — 유홍

박성진

도서출판
곰단지

옥봉

기억은 종종 골목에 숨어 있다.
지나온 시간 위에 쌓인 먼지를 털어내면,
이름조차 희미해진 것들이 묵묵히 말을 건다.
이 책은 오래된 동네의 벗겨진 담벼락과,
낡은 의자, 사라진 표지판과 삐걱대는 문틈 사이에서
지금 우리가 가져야 할 태도와 질문들을 꺼낸다.
삶은 정답보다 질문으로 더 오래 남는다.
당신이 서 있는 자리에서도,
그 질문이 은은히 이어지길 바라며

〈사라지기 전에 묻는다〉

도시는 늘 변한다. 익숙했던 길이 어느 날 흔적도 없이 사라지고, 오래된 이름이 지도에서 지워진다. 사람들은 그것을 발전이라 부르지만, 때로는 기억을 잃는 일과 다르지 않다.

진주 원도심의 옥봉동은 그런 변화를 가장 가까이서 겪어온 동네다. 오래된 집과 좁은 골목은 더 이상 중심에서 언급되지 않는다. 그러나 그렇다고 해서 사라졌다고 말할 수는 없다. 사라진 것과 잊힌 것 사이에는 분명한 차이가 있다.

나는 그 차이를 알고 싶어 이 동네를 걸었다. 기록되지 않았지만 존재하는 풍경, 발견되지 않았지만 분명히 살아 있는 삶의 자리를.

옥봉의 언덕은 오래전 왕들의 무덤이 있던 곳이었다. 지금은 나무가 가득해 시야가 가려졌지만, 한때는 언덕에서 강을 내려다볼 수 있었다. 지금의 진주여고를 지나 논개시장으로 흘러가던 물길은, 이 자리를 '경치 좋은 곳'이라 불리게 했다. 권력과 죽음을 함께 담는 무덤이 이 언덕에 놓인 것도 단순한 우연은 아니었을 것이다.

그러나 그 고분군 아래쪽 돌에는 형평운동가 가족들의 이름이 새겨져 있었다. 왕의 무덤 아래, 평등을 꿈꾸던 흔적이 있었다는 사실은 이 공간을 더욱 특별하게 만든다. 과거의 권력과 근대의 해방운동이 같은 언덕에서 겹쳐 있다는 것. 옥봉은 시간의 층위를 품고 있었다.

지금의 옥봉은 그렇게 웅장한 의미와는 거리가 멀다.

나무가 무성해 길은 잘 보이지 않고, 언덕을 오르는 발걸음은 쉽지 않다. 골목은 조용하지만, 사람들의 흔적은 여전히 남아있다. 빗물에 닳은 벽면, 초록색과 붉은색으로 칠해진 대문, 마당에 놓인 작은 화분 하나. 이름 붙여지지 않았지만 존재하는 것들이다.

나는 그 앞에서 묻지 않을 수 없었다.
"사라지는 것들 속에서, 우리는 무엇을 붙들어야 하는가?"
"발견되지 않는 삶에도, 여전히 힘이 있는 걸까?"

이 책은 옥봉에서 만난 작은 흔적들을 따라가며, 그 질문을 기록한 것이다. 이 질문들은 정답을 요구하지 않는다. 다만 지금 우리가 살아가는 태도에 대해 다시 묻는다.

 존재했지만 발견되지 않은 것들. 그 속에서 여전히 살아가는 힘을, 이 골목에서 찾고자 한다.

차례

프롤로그 _ 사라지기 전에 묻는다 ······ 6

1장. 오래된 것에 귀를 기울이면 ······ 12
2장. 벽면의 말들 ······ 34
3장. 오래된 물건을 바라보는 일 ······ 50
4장. 벽에 기대선 시간들 ······ 70
5장. 다정한 무채색 ······ 82
6장. 발길이 머무는 곳 ······ 94
7장. 빈집의 안부 ······ 108
8장. 초인종 앞에서 던진 질문 ······ 124
9장. 이어지는 마음들 ······ 136
10장. 다시, 골목을 나서며 ······ 148

에필로그 _ 질문은 남는다, 느리게 번진다 ······ 158

1장.
오래된 것에 귀를 기울이면

좁은 골목에 발을 들였을 때, 마치 시간이 멈춘 듯한 감각이 들었다. 사람의 기척은 거의 느껴지지 않았지만, 그 자리에 남아있는 것들은 분명 누군가의 손길이 닿은 흔적들이었다. 삐걱대는 대문, 자잘한 화분들, 빗물 자국이 남은 벽면, 발자국에 닳은 골목 바닥의 결들. 이 모든 것이 지금도 삶이 이어지고 있다는 증거였다.

처음 이 동네에 들어섰을 때 무엇보다 강하게 다가온 건 정적이었다. 그러나 그 고요함은 완전한 무음이 아니었다. 바람이 스치며 흔드는 나뭇잎, 어딘가에서 울리는 강아지 소리, 오래된 창틀 사이로 새어 나오는 라디오의 흐린 음색. 작은 소리들이 고요 속에 겹쳐져, 묘하게 풍성한 정적을 만들어내고 있었다.

낡은 대문들은 제각기 다른 색을 띠고 있었다. 초록, 하늘, 회색, 검정, 나뭇결 그대로, 그리고 간혹 붉은색. 가까이 다가가니 색마다 다른 표정이 있었다. 초록 대문은 군데군데 페인트가 벗겨져 이끼와 얼룩이 스며 있었고, 붉은 대문은 여름 햇살을 오랫동안 받아온 듯 아직도 미열이 남아있었다. 나무로 된 대문은 손때가 묻은 손잡이 부분만 유난히 반질거렸고, 바람결에 삐걱대는 소리를 내며 오래된 시간의 무게를 증언했다.

현대의 도시에서는 대부분 아파트의 획일적인 현관문이 집을 대신한다. 그러나 이 골목의 대문은 달랐다. 알록달록 제각각의 색이 집을 구별해주었고, 때로는 사람을 대신해 정체성을 드러냈다. 예전에는 집을 찾을 때 주소가 아니라 색으로 말했다고 한다.

"나는 빨간 대문집이야."

"우리 집은 초록 대문이야."

대문은 단순한 출입구가 아니라, 그 집의 얼굴이었다. 숫자가 아닌 색으로 불리던 집들은, 그래서 더 생생하게 기억되었다. 문 하나하나가 개성이자 표식이었고, 그 차이가 모여 동네를 다채롭게 만들었다. 지금의 도시에서는 보기 힘든, 사소하지만 확실한 정체성이 그 문에 남아있었다.

골목의 구조는 마치 작은 미로 같았다. 방향을 잃을 것 같다가도 결국 어디론가 이어졌다. 돌아가는 길, 막힌 길, 좁아지는 길. 그 속에서 우연히 만나는 풍경들은 삶을 닮아 있었다. 명확한 출구는 없지만, 돌아가는 동안에도 무언가를 발견하게 되는 길이었다.

잊힌 골목에서 꺼낸 질문들

입구에서 안쪽으로 들어설수록, 작은 숲에 들어온 듯한 기분이 들었다. 집 앞마다 놓인 화분들에는 제각기 다른 식물들이 자리하고 있었다. 흙 위로 막 움트기 시작한 봉선화, 비에 젖은 채 잎이 늘어진 상추, 그리고 오래 물을 받지 못했는지 갈라진 흙 위에 위태롭게 서 있는 다육식물 하나. 화분에 담긴 흙냄새가 골목 전체에 은은히 퍼져 있었다. 담벼락을 타고 오르는 담쟁이는 잎사귀마다 빛을 반사했고, 이끼 낀 돌담 위로는 빗방울이 작은 구슬처럼 맺혀 있었다. 관리되지 않은 듯 보였지만, 오히려 그 무질서가 공간을 살아 있게 했다.

잊힌 골목에서 꺼낸 질문들

나는 한동안 그 자리에서 서성이며 생각했다.

"삶이란 무엇을 남기는 걸까. 흔적일까, 풍경일까."

"사라지는 것과 잊히는 것 사이에서, 우리는 어떤 방식으로 존재할 수 있을까."

진주라는 도시는 오랜 시간을 품고 있지만, 빠르게 변하기도 한다. 그 사이에서 오래된 것들은 종종 불편한 것처럼 여겨진다. 그러나 불편함 속에는 지금 우리가 필요로 하는 감각이 숨어 있을지도 모른다. 그 감각을 외면하지 않는다면, 오히려 새로운 길이 될 수도 있다.

이 골목이 그렇다. 처음에는 그저 조용하고 오래된 동네였지만, 며칠 동안 반복해서 걸음을 옮기다 보니 그 안의 작은 움직임들이 보이기 시작했다. 창문 틈으로 새어 나온 희미한 불빛, 마당에 걸린 빨래가 바람에 흔들리는 모습, 담장에 걸린 고무장갑이 햇볕에 말라가는 장면. 움직임 속에서 멈춰진 것이 아니라, 여전히 끝나지 않은 이야기들이 있었다.

작은 골목의 풍경은 묻는다.

"우리가 남기는 흔적은, 언젠가 누군가에게 어떤 모습으로 발견될까?"

"지금의 나 역시, 존재하지만 발견되지 않은 무언가로 남아있는 건 아닐까?"

잊힌 골목에서 꺼낸 질문들

콤코무리한 이야기들 _ 옥봉

잊힌 골목에서 꺼낸 질문들

2장.
벽면의 말들

오래된 집 앞을 지나가다 보면, 불현듯 눈에 띄는 서랍 같은 공간들이 있다.

 열려 있지도 않고, 닫혀 있지도 않은 채 반쯤 열린 창문, 오래전부터 걸려 있던 빨랫줄, 쓰임이 다해 구석에 밀려난 장독대. 그것들은 더는 누군가의 손길이 닿지 않는 듯 보이지만, 사실은 시간의 층위를 고스란히 담고 있다. 마치 서랍 속에 켜켜이 쌓여 있는 옷가지들처럼.

골목을 걷는 동안 나는 여러 번 멈추게 되었다. 누군가의 계절이 고스란히 스며든 장면 앞에서였다. 벽에 붙은 자국 하나, 기울어진 대문 위의 낡은 자물쇠, 햇볕에 바랜 천 조각. 천 조각은 가장자리가 올이 풀려 있었고, 바람이 불 때마다 가늘게 떨리며 그늘을 만들었다. 햇빛을 오래 받아 옅게 바랜 색은 원래 어떤 무늬였는지조차 짐작하기 어려웠다. 그러나 손때가 남은 부분은 여전히 진한 색을 유지하고 있어, 그 위로 사람의 시간이 겹겹이 지나갔음을 알 수 있었다.

이 동네의 집들은 대부분 오래되었다. 누군가는 불편하다고 말할지도 모르지만, 오래된 집만이 지닌 감각이 있었다. 문고리의 금속은 매번 여닫는 손길에 반들거렸고, 창틀의 나무는 습기와 바람을 견디며 군데군데 비틀어져 있었다. 장마철 습기에 불어난 나무 냄새, 겨울날 찬 바람이 스며들던 틈새, 여름 저녁 창문 너머로 흘러나오던 부엌의 냄새까지. 그런 흔적들이 쌓이며 집은 하나의 살아 있는 존재처럼 느껴졌다.

집이란 결국 사람의 시간을 담는 그릇이다. 한때는 아이들이 뛰어다녔을 거실, 설거지 소리가 끊이지 않았을 부엌, 밤마다 등을 켜고 책을 읽던 작은 방. 지금은 조용히 닫혀 있지만, 그곳에는 여전히 지난 계절들의 기척이 남아있다.

벽에 스며든 연기 자국, 문지방에 남은 발자국의 홈, 벽장 속 깊이 배어 있는 나프탈렌 냄새. 집은 말없이도 모든 것을 기록하고 있었다.

나는 그 앞에서 오래 서 있었다. 바람이 불어오면 창문이 삐걱댔고, 그 소리는 마치 오래전 누군가의 숨결 같았다. 오래된 자물쇠는 이미 녹이 슬어 손잡이를 잡으면 금속 가루가 묻어날 듯했고, 창문 가장자리는 빛바랜 색이 겹겹이 덧칠된 채 남아있었다. 멀리서 들려오는 자전거 벨소리와 섞여, 풍경은 한 장의 느린 그림처럼 머물렀다.

 계절은 늘 반복되지만, 같은 계절은 단 한 번도 없다. 작년의 여름과 올해의 여름은 같지 않다. 눈앞의 계절은 이미 지나가고, 남은 것은 흔적뿐이다. 그러나 그 흔적 속에서 우리는 여전히 무엇인가를 느낀다. 여름날의 뜨겁던 햇살, 겨울 아침의 서늘한 공기, 봄날 새벽의 흙내. 모든 것은 사라졌지만, 동시에 남아있다.

이 동네의 풍경은 그 사실을 조용히 일깨운다.

시간은 흘러가지만, 사라진 것 같던 계절은 여전히 여기저기 서랍 속에 숨어 있다. 화분에 남은 마른 흙, 햇볕에 빛바랜 대문, 무심히 걸린 우편물. 그것들은 말하지 않지만, 분명하게 계절을 말해주고 있었다.

나는 생각했다.

지금 우리가 살고 있는 계절도 언젠가는 누군가의 서랍 속에 남게 될 것이다. 오늘의 풍경과 오늘의 마음도 결국은 흔적으로만 전해질 것이다. 그렇다면, 지금의 나는 무엇을 남기고 있는 걸까.

콤코무리한 이야기들 _ 옥봉

골목을 걷다가 더위를 피해 앉아있는 어르신들을 만났다. 이곳은 골목경로당이라 하신다. 젊은 사람이 어쩐 일이냐며 물으셨고, 이야기를 이어나갔다. 어르신들의 삶에 대해서 물으니 여러 말씀을 해주셨다.
"그냥 살아냈다. 하루하루 버텼다."

그 짧은 말속에는 계절을 견디는 삶의 태도가 있었다. 특별한 것 없는 일상도, 결국은 서랍 속에 고스란히 쌓여 남는다. 그 단순한 반복이 삶을 지탱한다.

나는 묻는다.

"우리는 어떤 계절을 남기며 살아가고 있을까?"

"시간이 지나 서랍 속에 놓이게 될 지금의 나날은, 누군가에게 어떤 의미로 발견될까?"

3장.
오래된 물건을 바라보는 일

잊힌 골목에서 꺼낸 질문들

골목을 걷다 보면, 버려진 듯 보이는 물건들을 자주 마주한다.

 낡은 의자, 바퀴가 빠진 손수레, 금이 간 장독대, 기울어진 자전거. 제 기능을 다 하지 못해 구석에 밀려나 있지만, 여전히 자리를 지키고 있는 것들이다. 쓰이지 않는 것 같아도, 그것들은 조용히 말하고 있었다.

어떤 의자는 다리가 한쪽 짧아 비틀거렸지만, 그 위에 놓인 먼지가 오히려 세월을 증명했다. 나무 표면에는 깊게 팬 흠집들이 남아있었고, 햇볕에 바랜 색은 얼룩처럼 번져 있었다. 앉으면 삐걱 소리가 날 것 같았지만, 한때 그 자리에 앉아 여름밤의 바람을 쐬며 땀을 식히던 사람의 모습이 자연스레 떠올랐다.

손수레는 녹이 슬어 바퀴의 테두리가 갈라져 있었고, 손잡이 부분은 오래 쥔 탓에 나무가 반들반들 윤이 났다. 움직이지 않는 듯 서 있었지만, 그 바퀴가 지나갔던 길 위에는 여전히 희미한 자국이 남아있었다. 장을 보러 가던 길, 무거운 짐을 싣고 돌아오던 길. 그 바퀴 자국은 단순한 흔적이 아니라, 생활의 리듬을 새겨둔 선 같았다.

장독대는 금이 가 있었지만, 그 위에는 여전히 빗물이 고여 반짝였다. 한쪽 옆에는 오래된 대나무 젓가락이 비스듬히 꽂혀 있었는데, 아마 한때는 술을 따르거나 국을 뜨는 데 쓰였을 것이다. 흙이 발린 표면에는 햇볕에 그을린 색이 남아있었고, 그 자체로 작은 연대기를 이루고 있었다.

 자전거는 페달이 빠져 있었고, 바큇살 사이에는 거미줄이 엉켜 있었다. 하지만 녹슨 체인에는 여전히 기름 냄새가 은은히 배어 있었고, 손잡이에는 벗겨진 고무가 달라붙어 있었다. 그 위로 아이의 작은 손이 닿았을지, 혹은 한때 출근길을 오가던 어른의 손이 닿았을지 상상하게 되었다.

사람들은 종종 물건을 소모품으로만 생각한다. 쓰임이 끝나면 폐기되고, 새로운 물건으로 교체된다. 그러나 이 골목에서 만난 물건들은 달랐다. 비록 기능은 잃었지만, 여전히 시간의 무게를 품고 있었다.

낡은 물건을 마주하는 순간, 나는 오히려 사람을 떠올리게 된다.

언젠가 그 의자에 앉아 저녁을 먹던 가족, 수레를 밀며 장을 보러 가던 어머니, 장독대에 술을 부어 조상께 제를 올리던 손길. 물건은 사람과 함께 살아왔고, 그 흔적은 사라지지 않는다.

잊힌 골목에서 꺼낸 질문들

이 동네의 오래된 물건들은 그래서 더 이상 단순한 '물건'이 아니었다. 그것들은 시간의 증언자였다. 먼지와 흠집, 녹과 균열이 곧 하나의 문장이 되어, 이 골목을 지나온 사람들의 삶을 이야기해주고 있었다.

 나는 오래된 물건 앞에 서면 자꾸만 오래 보게 된다. 단순히 낡음이 아니라, 그 낡음 속에 스며든 이야기를 읽어내고 싶어서다. 바랜 색감, 금이 간 표면, 손때 묻은 결. 그것들은 모두 기록이었다. 기록은 언어로만 쓰이는 게 아니라, 사물 위에도 남아있다는 사실을 새삼 깨닫는다.

언젠가 우리도 누군가에게는 '낡은 것'으로 남게 될 것이다. 지금은 분명히 쓰이고 있지만, 시간이 지나면 기능을 잃을 것이다. 그러나 그렇다고 해서 쓸모가 사라지는 건 아닐지 모른다. 오히려 그 자리에 남아있는 흔적이 또 다른 의미를 지닌다.

이 골목의 낡은 물건들을 바라보면서, 나는 지금 우리의 삶도 겹쳐 생각하게 된다. 우리는 흔히 새로운 것만을 추구하며, 오래된 것을 불편하거나 쓸모없다고 여긴다. 그러나 오래된 것들은 불편함 속에서만 전할 수 있는 감각을 품고 있다. 그 감각은 지금 우리의 삶에도 여전히 필요하다.

어쩌면 중요한 것은 '쓸모'가 아니라 '머무름'인지도 모른다.

비록 더 이상 쓰이지 않아도, 그 자리에 남아있는 것 자체로 의미가 있다. 누군가는 그것을 보고, 또다시 질문을 품게 될 테니까.

낡은 물건 앞에서 나는 스스로에게 묻는다.

"나는 무엇을 남기고, 어떤 방식으로 발견되기를 바라는가? 사라지지 않고 남아있는 것의 힘은 어디에서 오는 걸까?"

정답은 알 수 없다. 다만, 지금 내 눈앞에 있는 오래된 물건들이 이미 그 답을 조용히 보여주고 있는 듯하다.

잊힌 골목에서 꺼낸 질문들

4장.
벽에 기대선 시간들

이 골목을 걷다 보면, 자꾸 벽을 오래 바라보게 된다. 벽은 아무 말이 없지만, 묘하게 많은 말을 건네온다. 어떤 벽은 회색 시멘트가 드러나 있고, 어떤 벽은 벽돌이 어긋나 쌓여 있다. 오래전 칠한 페인트는 군데군데 벗겨져 있고, 물이 스며든 자국은 나이테처럼 퍼져 있었다. 그 흔적들은 누군가의 삶이 오랫동안 이 벽 곁을 스쳐 지나갔음을 말해 주고 있었다.

가까이 다가가 손끝으로 그 벽의 결을 따라가고 싶어졌다. 햇볕에 달궈진 벽은 낮의 열기를 품고 있었고, 한쪽 음지의 벽은 축축한 냄새를 풍겼다. 비바람과 햇빛이 남긴 자국은 단단한 돌보다 더 강하게 사람의 시간을 증명하고 있었다. 벽은 그저 공간을 구분하는 기능을 넘어, 한 시대의 얼굴을 품고 있었다.

어느 벽에는 이름 모를 식물이 뿌리를 내리고 있었다. 균열 사이로 스며든 작은 씨앗이 자라나, 초록빛으로 벽을 감싸고 있었다. 담쟁이는 틈을 따라 오르며 벽 전체를 덮을 듯했고, 풀잎 사이에는 작고 노란 꽃이 피어 있었다. 누구의 의도도 없이, 그저 주어진 자리에서 살아낸 것이다. 관리되지 않은 듯 보였지만, 오히려 더 자연스럽고 아름다웠다. 계획되지 않은 생명이야말로 공간에 가장 잘 어울리는 순간이었다.

또 다른 벽에는 오래전 붙였다가 떼어낸 광고지 자국이 남아있었다. 종이는 사라졌지만, 풀의 흔적이 아직 희미하게 남아있었다. 가까이 들여다보면 글씨 일부가 종이에 붙어 벽에 옮겨져 있었고, 잉크가 스며든 자국은 시간이 지날수록 점점 옅어졌다. 그 앞을 스쳐 간 사람들의 눈길과 손길이 있었을 것이다. 누군가의 관심이 머물렀다가 흩어진 자리. 벽은 그 모든 것을 고스란히 기억하고 있었다.

낙서가 남은 벽도 있었다. 아이의 장난 같기도 하고, 누군가의 분노 같기도 했다. 삐뚤빼뚤한 글씨와 선들이 의미를 알 수 없게 엉켜 있었지만, 묘하게 생생했다. 크레파스인지, 분필인지 모를 선은 빗물에 조금 번져 색이 퍼져 있었고, 날카로운 못으로 긁은 흔적은 아직도 날카로움을 잃지 않았다. 벽은 그 순간의 감정을 담아낸 캔버스였다. 기록이자 흔적, 흔적이자 표현. 사라지지 않은 채, 지금까지도 남아있었다.

그 앞에 서서 나는 생각했다.
"우리는 늘 무언가를 남기고 지나가는 존재구나."
의도하든 의도하지 않든, 벽에 새겨진 자국처럼 우리의 삶도 어딘가에 남게 된다.

잊힌 골목에서 꺼낸 질문들

벽은 묵묵하지만, 동시에 수다스럽다. 말하지 않으면서도, 너무 많은 것을 품고 있다. 균열의 결, 빛바랜 색, 스며든 자국, 낯선 그림자. 낮에는 햇살에 따라 다른 얼굴을 보여주었고, 저녁에는 가로등 불빛을 받아 긴 그림자를 드리웠다. 그 그림자 사이로 벌레가 기어가면, 벽 위에는 또 다른 문장이 새겨지는 듯했다. 그것들은 하나하나가 문장 같았다. 어떤 문장은 기쁨을, 어떤 문장은 슬픔을, 또 어떤 문장은 그저 무심한 시간을 말하고 있었다.

벽을 오래 바라보고 있으면, 지금의 나도 결국 하나의 흔적이 될 거라는 생각이 든다. 시간이 지나면, 지금의 삶도 결국 누군가의 눈에 낡은 흔적으로 비칠 것이다. 그러나 그것이 무의미한 것은 아닐 것이다. 남겨지는 방식이 다를 뿐, 그 흔적이 또 다른 누군가에게 질문이 될 수도 있으니까.

나는 이 벽들 앞에서 다시 묻는다.
"어떤 흔적은 왜 더 오래 남는 걸까?"
"사라지지 않고 버티는 힘은 어디에서 오는 걸까?"

벽은 대답하지 않았다. 그러나 그 침묵 속에서, 오히려 더 많은 것을 들을 수 있었다. 벽은 사라진 목소리와 여전히 남아있는 시간을 함께 품고 있었다.

5장.
다정한 무채색

이 골목을 걸을 때 가장 먼저 눈에 들어오는 것은 색이었다. 하지만 그 색은 화려하지 않았다. 오히려 바래고, 닳고, 흐릿해진 색들이었다. 벽은 햇빛에 탈색되어 회색빛을 띠고, 지붕의 기와는 세월에 닳아 검은빛과 푸른빛이 뒤섞여 있었다. 담벼락의 페인트는 여러 번 덧칠되다 결국 무채색에 가까운 톤으로 돌아왔다.

가까이서 보면 그 무채색은 단조롭지 않았다. 회색이라 해도 곳곳에서 다른 결을 품고 있었다. 오래된 시멘트벽은 표면이 고르지 않아 햇빛이 닿는 각도에 따라 은빛을 띠기도 했고, 오래된 벽돌은 물이 스며든 부분이 더 어두워져 얼룩처럼 남아있었다. 기와의 검은빛은 단순히 어두운색이 아니라, 빛을 오래 받아낸 흔적이 겹겹이 쌓여 이루어진 깊은 어두움이었다.

그런데 이상하게도, 그 무채색은 차갑지 않았다.

낡은 벽의 회색은 오래된 시간의 결을 품고 있었고, 기와의 검은빛은 햇빛을 오래 받아낸 따뜻한 흔적 같았다. 담장 위의 하얀 회칠은 이미 벗겨져 있었지만, 그 속살에서 드러난 거친 질감이 오히려 사람 손길의 온기를 전해주었다. 무채색이라 해서 텅 비어 있는 것이 아니었다. 오히려 무수한 계절이 겹겹이 쌓여 이루어진 색이었다.

나는 골목을 따라가며 하나하나의 색을 눈으로 담았다. 희미하게 남은 푸른색 대문, 빛이 바래 더 이상 원래의 색을 짐작하기 어려운 담벼락, 여러 번 덧칠하다 멈춘 채 남은 얼룩. 낡은 색들은 제각기 다른 이야기를 담고 있었지만, 멀리서 보면 하나의 무채색 풍경으로 어우러졌다.

잊힌 골목에서 꺼낸 질문들

사람들은 흔히 강렬한 색에 마음을 빼앗긴다. 그러나 오래 바라보게 되는 색은 대개 무채색이다. 화려하지 않지만, 쉽게 질리지도 않는다. 그 속에는 오래도록 머물 수 있는 힘이 있다.

이 골목의 무채색은 다정했다.

벽은 지나가는 사람을 막는 듯 서 있었지만, 동시에 기댈 수 있는 배경이 되어주었다. 회색 담은 햇빛을 받아 은은한 빛을 흘렸고, 오래된 기와는 빗소리를 크게 울려주었다. 비가 내리면 벽은 어둡게 젖어 검은빛으로 변했지만, 그 위에 스며드는 물줄기 소리는 오히려 골목을 더 따뜻하게 감쌌다.

잊힌 골목에서 꺼낸 질문들

나는 그 앞에서 오래 멈추었다. 화려하지 않아도 좋았다. 오히려 그 무채색 풍경이 내 마음을 편안하게 했다. 세상의 소음과는 다른, 조용히 이어지는 시간의 색이 있었다. 눈길을 오래 두어도 질리지 않았고, 마음을 불편하게 하지도 않았다. 그것은 '배경'이 아니라 '동반자' 같은 색이었다.

생각해보면, 우리의 삶도 무채색에 가깝다.

눈에 띄는 순간은 드물고, 대부분은 평범하고 반복적인 날들의 연속이다. 하지만 그 무채색 같은 날들이 쌓여 지금의 우리를 만든다. 특별한 순간은 찰나에 불과하지만, 무채색의 일상은 삶을 지탱한다.

그래서 무채색은 차갑지 않았다.

보잘것없어 보이는 시간도 결국은 색을 남기고, 그 색은 누군가에게 다정하게 다가갈 수 있다는 사실을 알려주기 때문이다.

나는 조용히 묻는다.

"눈에 띄지 않는 무채색의 시간도, 누군가에게는 충분히 다정한 풍경이 될 수 있지 않을까?"

"내 삶의 무채색은 어디에서, 누구에게 발견될까?"

6장.
발길이 머무는 곳

동네를 걷다 보면 이유 없이 자꾸 시선이 붙잡히는 자리가 있다.

벽돌이 유난히 붉게 빛나거나, 오래된 담장이 남들보다 조금 낮거나, 마당에 드리운 나무 그늘이 묘하게 마음을 끌기도 한다. 특별한 명소는 아니지만, 그 앞에 서면 발걸음이 저절로 멈춘다.

집 앞에 놓인 의자 하나가 발길을 붙들었다. 오래 앉지 않았는지 먼지가 소복이 쌓여 있었지만, 분명 누군가의 자리를 오래 지켜온 의자였다. 나무다리에는 흠집이 가득했고, 앉는 부분은 사람 몸무게에 눌려 윤이 났다. 거기에 앉아 여름밤을 보내던 모습을 상상하니, 의자 위로 모깃불 연기가 피어오르는 장면이 그려졌다.

대문 앞에 놓인 화분이 걸음을 멈추게 했다. 흙은 갓 물을 받은 듯 촉촉했고, 잎사귀 끝에는 아직 빗방울이 맺혀 있었다. 햇빛에 반사된 물방울은 작은 보석처럼 반짝였고, 바람이 불 때마다 흔들리며 짧은 빛의 파편을 흩뿌렸다. 작은 화분 하나에도 누군가의 손길이 분명히 닿아 있었다.

넓다고 할 수도 없는 땅 한 평 남짓의 공간에 꽃과 채소, 나무들이 자라 있었다. 고추는 줄을 잡고 곧게 서 있었고, 화분 사이에는 봉선화가 수줍게 피어 있었다. 쑥갓과 상추는 줄기마다 작은 향을 뿜었고, 그 사이로 날아든 벌 한 마리가 분주히 움직였다. 어르신들이 가꾸어놓은 이 작은 텃밭은 골목 전체를 밝히는 듯했다. 도심의 크고 번쩍이는 건물들 속에서는 좀처럼 볼 수 없는 풍경이었다.

걷는다는 건 이렇게 멈춤과 함께 이어졌다. 길 위에서 마주친 장면들은 때때로 너무 사소해 보였지만, 그 사소함이 삶의 본모습에 가까웠다. 커다란 사건이나 특별한 일이 아니라, 그저 이어지는 반복과 습관이 삶을 지탱한다는 것을 보여주는 듯했다.

그곳에 잠시 서 있으면, 풍경 하나가 하나의 장면이 된다. 오후 햇살이 붉은 벽돌 위로 기울고, 바람이 나뭇잎을 흔들고, 멀리서 아이들 웃음소리가 들려왔다. 별것 아닌 순간인데, 발걸음이 붙들린 채 그 시간을 오래 머물게 된다.

길은 대개 지나가기 위해 열려 있지만, 어떤 자리는 그저 멈춤을 허락하기 위해 남아있는 듯하다. 벽에 기댄 낡은 자전거, 창틀 위에 놓인 빈 유리병, 담장에 기대어 마른 장작더미. 그런 자잘한 풍경들이 이 동네의 호흡을 만들어내고 있었다.

길은 예측할 수 없었다. 어떤 길은 막혀 있었고, 어떤 길은 다시 돌아 나와야 했다. 때로는 더 좁아졌다가, 뜻밖의 방향으로 이어지기도 했다. 그 구조는 마치 우리의 삶과도 닮아 있었다. 계획대로만 흘러가지 않고, 돌아가기도 하고, 멈추기도 하고, 예상치 못한 풍경과 만나기도 하는 길.

잊힌 골목에서 꺼낸 질문들

골목에서의 걷기는 그래서 배움이었다. 빠르게 가는 대신, 느리게 보는 것. 목적지를 정하기보다, 발길이 이끄는 대로 걷는 것. 그 과정에서 비로소 발견되는 것들이 있었다.

걸음을 늦추는 순간, 무심히 흘러가던 장면이 비로소 이야기가 된다. 길가에 놓인 낡은 운동화 한 켤레, 담장 밑에 쌓인 장작더미, 빗물에 젖은 신문지. 모두 다 지나치면 아무것도 아닌 것 같지만, 멈춰 서서 보면 이야기가 생겼다. 신문 위에 번진 글자는 지난날의 사건을 희미하게 전해주었고, 장작더미에서는 오래된 나무 냄새가 은근히 퍼져 나왔다.

잊힌 골목에서 꺼낸 질문들

나는 이 골목에서 여러 번 걸음을 늦추고 멈추었다.

그럴 때마다 묻지 않을 수 없었다.

"나는 어떤 풍경 앞에서 멈추는 사람인가?"

"무심히 지나친 것들 속에도, 내가 놓치고 있는 삶의 단서가 있지 않을까?"

걷는다는 건, 결국 질문을 품는 행위였다. 멈춤 속에서 던져지는 질문들이 내 삶을 비추고 있었다.

7장.
빈집의 안부

문이 굳게 닫힌 채 오래된 집 앞을 지나면, 자연스럽게 안이 궁금해진다.

 아무도 살지 않는 집인데도, 마치 "안부"를 묻게 된다. 낡은 우편함에는 오래된 전단지가 꽂혀 있었고, 종이는 햇빛에 바래 색이 옅어져 있었다. 글씨는 희미했지만, 전화번호만은 붉은색으로 또렷이 남아있었다. 전단지는 비에 젖었다가 마른 흔적이 고스란히 남아, 종이가 두툼하게 부풀어 있었다. 마당에는 잡초가 무성했고, 담벼락 사이로 뻗은 줄기는 창문을 덮어버릴 듯 얽혀 있었다. 깨진 유리창에는 먼지가 뿌옇게 끼어 있어 안쪽을 들여다볼 수조차 없었다. 모든 것이 멈춘 것 같았지만, 그 안에는 분명 누군가의 시간이 남아있었다.

그 집에 살던 사람들의 발소리, 저녁밥 짓는 냄새, 여름날 마당에 널린 빨래, 겨울밤 창문 너머로 새어 나오던 불빛. 지금은 모두 사라졌지만, 빈집은 여전히 그 기억들을 고요히 품고 있는 듯했다. 담장 아래에는 오래된 신발 한 켤레가 놓여 있었고, 신발 끈은 풀려 있었다. 누군가 급히 벗어놓고 돌아오지 않은 채 시간이 흘러버린 것 같았다.

도시는 빠르게 과거를 지운다. 쓰임이 사라졌다는 이유만으로, 한 사람의 삶이 담긴 집은 금세 허물어지고 새 건물이 들어선다. 그러나 그 자리에 스며든 감정만큼은 쉽게 사라지지 않는다. 공간은 체온을 잃더라도, 기억은 천천히 흩어진다.

빈집은 멈춰 선 시간에 더 가깝다. 비워졌지만, 여전히 그 자리에 머물러 있다. 대문 손잡이를 잡으면 차가운 금속 냄새가 손에 배었고, 창틀을 스치는 바람에는 오래된 나무 냄새가 섞여 있었다. 시간은 멈춘 듯 고요했지만, 그 고요 속에 오히려 많은 이야기가 숨어 있었다.

나는 한 번은 문턱이 낮은 빈집 앞에 멈춰 섰다. 안을 들여다볼 수는 없었지만, 담벼락 사이로 들어온 나뭇가지가 집 안을 가득 메우고 있었다. 마치 자연이 천천히 집을 삼키듯, 창문 틈으로는 덩굴이 뻗어 들어와 벽을 감싸고 있었다. 사람의 발길이 닿지 않는 자리에, 다른 생명이 들어와 숨을 쉬고 있었다. 빈집은 단순히 비어 있는 공간이 아니라, 또 다른 방식으로 살아 있는 집이었다.

우리는 때때로 스스로를 빈집처럼 느낀다.

아무도 찾지 않고, 불이 켜지지 않는 시간들 속에서, 내 존재가 비워진 듯한 기분이 든다. 그러나 빈집이 그렇듯, 그것이 곧 소멸을 의미하지는 않는다. 오히려 그 고요 속에서 새로운 기척이 생기기도 한다. 어쩌면 빈집은 이렇게 말하는지도 모른다.

"발견되지 않아도, 여전히 존재할 수 있다."

안골 끝자락에 있는 노인정을 들렀을 때도 비슷한 마음이 들었다. 밖에서는 인기척이 거의 느껴지지 않았는데, 문을 두드리자 안에서 들어오라는 목소리가 들렸다. 화장실을 사용해도 되냐는 물음에 "변기통 가에 누지 마라"며 농담하시던 어르신들의 웃음소리가 방안을 가득 채웠다. 낡은 벽에는 회칙이 적힌 종이와 오래된 상장들이 붙어 있었고, 그 아래에서 어르신들은 함께 밥을 지어 먹고 있었다. 정적이라고 생각했던 공간은 사실 살아 있는 공동체의 집이었다.

"예전에는 아이들이 많아서 동네가 시끌시끌했지."
"지금은 조용해서 좋기도 하고, 섭섭하기도 하지."
그 말속에는 빈집의 안부와 크게 다르지 않은 감정이 담겨 있었다. 사람은 줄었지만, 여전히 남아있는 마음이었다.

불편한 점을 묻자 가장 먼저 나온 대답은 교통이었다. 버스가 들어오지 않아 장을 보려면 걸어서 15분 이상 내려가야 한다는 것이다. "다리도 아프고 허리도 아파서 시내까지 가기가 힘들다"며 작은 마을버스라도 다녔으면 좋겠다고 하셨다. 빈집이 늘어나는 이유와 어르신들이 겪는 어려움이 겹쳐지는 순간이었다.

언젠가는 이 집들도 사라질지 모른다. 하지만 사라지기 전까지, 우리는 그 자리에 남아있는 마음을 놓치지 않고 바라볼 수 있다. 빈집의 안부를 묻는 일은, 결국 살아 있는 사람들의 안부를 묻는 일이기도 하다.

"사람이 떠난 자리에 남는 것은 무엇일까?"

"빈집이 들려주는 안부는, 사실 우리의 삶과 얼마나 닮아 있는 걸까?"

잊힌 골목에서 꺼낸 질문들

8장.
초인종 앞에서 던진 질문

골목을 걷다 보면 집마다 붙어 있는 초인종이 눈에 들어왔다. 어떤 것은 버튼이 닳아 반짝였고, 어떤 것은 오래 누르지 않은 듯 먼지가 덮여 있었다. 녹슨 테두리나 깨진 플라스틱은 세월을 그대로 말해주고 있었다. 아예 초인종이 없는 집도 많았다. 누군가는 필요하지 않아 떼어냈을 것이고, 누군가는 애초에 달지 않았을 것이다.

나는 그 앞에서 오래 머물렀다.
초인종은 세상과 소통하는 가장 작은 장치 같았다. 버튼 하나만 누르면 안쪽의 누군가가 대답을 해 줄 수 있으니 말이다. 그런데 이 동네의 초인종은 대부분 낡고 헤져 있었다. 마치 오랫동안 불리지 않은 이름처럼, 대답을 기다리지 않는 것 같았다.

그런데 또 다른 질문이 생겼다.

이 동네가 그만큼 초인종이 필요 없는 곳일 수도 있지 않을까?

누군가 방문하면 문을 두드리거나 이름을 부르는 것만으로 충분히 연결되는, 그래서 굳이 버튼 같은 장치가 없어도 되는 따뜻한 동네일지도 모른다.

콤코무리한 이야기들 _ 옥봉

하지만 동시에 이런 생각도 들었다.

도시의 중심에서 벗어난 이곳은, 애초에 외부 사람이 찾아올 거라고 기대하지 않는 건 아닐까. 오랜 세월 고립된 채, 초인종조차 필요 없는 집으로 남아 버린 건 아닐까.

나는 닳아버린 초인종을 보며 두 갈래의 질문을 품었다.

"문을 열어둔 따뜻함인가, 아니면 외부로부터 닫혀버린 단절인가."

"소통의 흔적은 어디까지 이어지고, 어디에서 멈추는 걸까."

잊힌 골목에서 꺼낸 질문들

9장.
이어지는 마음들

사람의 기억은 장소에 남는다. 자주 앉던 벤치, 매주 가던 시장 골목, 마주 앉아 커피를 마시던 작은 테이블. 그 장면들은 특별하지 않았지만, 삶을 지탱하던 순간들이었다. 기억은 결국 어떤 풍경 속에 스며들고, 풍경은 시간이 지나도 쉽게 사라지지 않는다.

옥봉동을 걷다 보면, 그런 기억들이 서로 겹쳐진 자리에 도착하곤 한다.
좁은 골목 끝에는 성당이 있고, 조금만 걸으면 절이 보이고, 그 옆에는 교회와 사당이 나란히 자리하고 있었다. 옥봉성당, 연화사, 중앙교회, 상무사. 전혀 다른 종교와 전통이 한동네 안에 모여있다는 사실이 흥미로웠다.

성당에 들어서면 바람에 스치는 나뭇잎 소리가 퍼졌다. 맑고 그 음들은 벽에 부딪혀 여러 겹의 울림으로 번졌다. 절의 마당에서는 향냄새가 바람을 타고 퍼져 나왔고, 목탁 소리는 규칙적인 리듬으로 그곳을 채웠다. 교회에서는 빛이 반사되어 유리창 너머로 노랗게 번져 나와 길 위에 작은 빛의 파편을 남겼다. 사당 앞에는 제례를 준비한 음식들이 가지런히 놓여 있었고, 초 하나가 흔들리는 불빛을 만들어냈다.

그곳의 소리와 빛은 자연스럽게 섞였다. 멀리서 듣고, 보면 경계가 흐려져, 하나의 큰 숨결처럼 이어졌다.

상무사에 들렀을 때, 관리자는 "예전 자리에서 옮겨온 건물"이라며 서까래와 기둥 이야기를 들려주었다. 서까래에는 세월의 결이 깊게 패 있었고, 손이 닿는 부분만 유난히 반질거렸다. 기둥은 최대한 원래 모습을 지켜내고, 손길이 스칠 수밖에 없는 부분만 보수했다고 했다. 건물 하나에도 시간과 사람의 마음이 이어져 있었다. 과거의 자리를 완전히 버리지 않고, 새로운 자리에 옮겨와서라도 계속 이어가려는 노력. 그 안에 담긴 태도는 종교의 차이를 넘어선, 삶을 지켜내려는 마음으로 읽혔다.

권번터에 내려갔을 때도 비슷한 생각이 들었다. 지금은 사람들의 발길이 거의 닿지 않는 자리지만, 예전에는 노랫소리와 북소리로 가득했을 공간이다. 텅 빈 마당은 고요했지만, 그 안에는 여전히 여러 겹의 장면이 겹쳐 있었다. 문득 바람이 스쳐 지나가자, 없는 소리들이 되살아나는 듯했다. 소리 없는 무대 위에 여전히 누군가의 발걸음과 손짓이 남아있는 것처럼 느껴졌다.

기억은 단절되지 않는다. 사람의 마음은 서로 이어지며, 다른 장소와 다른 시간을 만나도 새로운 결을 만들어낸다. 골목을 걷다 보면 그런 장면들이 이어져 있다는 걸 확인하게 된다. 성당의 종소리, 절의 목탁 소리, 교회의 찬송가, 사당에 올려진 제례. 서로 다른 전통이 모여있지만, 결국은 같은 질문을 향해 있는 듯했다.

"어떻게 살아야 할까. 무엇을 지켜야 할까."

삶은 그렇게 겹쳐지고 연결된다.

장소는 변해도, 그 안에 남은 마음은 완전히 사라지지 않는다. 오래된 종교 시설의 벽돌 하나, 기둥 하나에도 손길의 흔적이 이어지고 있었다. 그 손길이 겹치며 쌓여 오늘의 풍경을 만들었다.

어쩌면 지금 우리가 사는 자리도, 언젠가 누군가의 기억 속에 남아 또 다른 질문을 이어갈 것이다. 그리고 그 질문은 종교나 전통의 이름을 넘어, 결국은 같은 자리를 가리킬 것이다.

잊힌 골목에서 꺼낸 질문들

10장.
다시, 골목을 나서며

이 골목을 떠나기 전, 마지막으로 한 번 더 걸었다.

 처음 들어왔을 때는 모든 것이 낯설었다. 어디로 이어지는지도 모르는 길, 무너져가는 담, 닫힌 집들. 하지만 며칠 동안 발걸음을 이어오니, 이제는 어느 집의 창문이 낮은지, 어떤 가게 문이 몇 시에 열리는지도 알게 되었다. 익숙해졌다고 생각했는데, 이상하게도 여전히 낯설었다. 아는 만큼 더 많은 게 보이고, 더 많은 게 궁금해졌기 때문이다.

 오래된 골목은 시간을 품고 있었다. 도시의 빠른 리듬과 달리, 이곳의 시간은 느리게 흘렀다. 그 느림 속에서 깨닫는 게 있었다. 꼭 의미 있는 일을 하지 않아도 좋다는 것, 잠시 멈추는 것도 삶의 일부라는 것.

걷는 동안 수많은 장면들이 스쳐갔다. 대문 앞의 작은 정원, 벽에 드리운 그림자, 노인정에서의 웃음소리, 성당과 절과 교회가 함께 있는 풍경. 사라진 것 같지만 여전히 남아있는 마음들이었다. 골목은 말하지 않았지만, 그 자리에 있던 것들은 계속 질문을 건네고 있었다.

햇살은 점점 기울어 골목의 색을 바꾸고 있었다. 낮 동안 밝게 보이던 벽돌은 저녁 빛을 받아 붉게 물들었고, 담장의 그림자는 길게 늘어졌다. 한낮의 소음은 잦아들고, 아이들 목소리 대신 풀벌레 소리가 골목을 메웠다. 닫힌 대문 틈새로는 희미한 불빛이 새어 나왔고, 누군가의 저녁 준비가 시작되는 냄새가 바람을 타고 퍼져왔다.

나는 발걸음을 늦추며 묻지 않을 수 없었다.

"여기에서 살던 사람들은 어떤 얼굴로 하루를 맞았을까."

"나는 지금 어떤 태도로 살아가고 있을까."

처음 이곳에 들어섰을 때도 질문을 품었고, 이제 떠나려는 순간에도 질문은 남았다. 정답은 알 수 없지만, 질문을 품는 태도 자체가 중요한 일임을 알게 되었다. 그것이 아마 이 골목이 남긴 가장 큰 선물이 아닐까.

문득 뒤를 돌아보니, 그림자가 이미 길게 드리워져 있었다. 담벼락을 따라 늘어진 그림자는 바람에 흔들리는 나뭇잎 그림자와 겹쳐져 한 폭의 그림 같았다. 문은 다시 닫히고, 골목은 원래의 고요를 되찾았다. 하지만 이 길을 걸었던 내 발자국과 그 시간에 품었던 질문은 쉽게 사라지지 않을 것 같았다.

언젠가 또다시 이 길을 걸을까. 혹은 이 길이 다른 누군가에게 새로운 질문의 시작이 되어줄까.

삶은 자주 묻는다.

그 질문 앞에서 멈추어 서는 사람만이, 비로소 무언가를 들을 수 있다.

〈질문은 남는다, 느리게 번진다〉

이 기록을 마무리하며, 다시 옥봉을 떠올린다. 오래된 골목과 닫힌 대문, 풀에 가려진 언덕과 빈집들. 모두 '존재했지만 발견되지 않은 것들'이었다. 눈에 잘 띄지 않았고, 도시의 중심에서도 밀려났지만, 그렇다고 사라지지는 않았다.

이곳에 사는 어르신들에게 물었다. "어떻게 이렇게 살아오셨습니까?" 대답은 단순했다. "악착같이 살았다." 짧은 말이었지만, 그 속에는 묵묵히 버텨온 세월과 태도가 고스란히 담겨 있었다. 이름이 불리지 않아도, 주목받지 않아도, 삶을 이어갈 수 있는 힘. 그것이 옥봉이 품고 있던 이야기였다.

사실 지금의 우리도 다르지 않다. 많은 사람들이 '존재하지만 발견되지 않은 채' 살아간다. 누군가에게는 기록되지 않고, 어디에도 남지 않는 듯 보이지만, 그렇다고 그 존재가 무의미한 것은 아니다. 옥봉의 풍경은 그 사실을 조용히 일깨워준다.

 발견되지 않아도 의미가 있다. 불리지 않아도 가치는 남는다. 살아가는 이유는 눈에 띄는 성과나 인정이 아니라, 그 자체로 존재하는 데서 시작될 수 있다. 답 없는 세상 속에서 우리가 여전히 힘을 내야 하는 이유를, 옥봉은 보여주고 있었다.

 그래서 이 동네는 질문을 남긴다.
 "사라지는 것들 속에서도, 우리는 어떻게 살아가야 할까? 발견되지 않는 자리에서, 어떤 태도로 삶을 이어가야 할까?"

 정답은 없다. 다만, 질문을 품는 태도만이 남는다. 그리고 어쩌면, 그 태도야말로 우리가 지금 시대를 살아가는 가장 단단한 힘일지도 모른다.

잊힌 골목에서 꺼낸 질문들
콤코무리한 이야기들 _ 옥봉

발행일 | 2025년 11월 10일

지은이 | 박성진

펴낸이 | 이문희
펴낸곳 | 도서출판 곰단지
주　소 | 경남 진주시 동부로 169번길 12 윙스타워 A동 1007호
전　화 | 070-7677-1622
팩　스 | 070-7610-2323
이메일 | gomdanjee@daum.net

ISBN | 979-11-94688-14-3 03330

이 책은 저작권법에 따라 보호받는 저작물이므로 무단 전재와 무단 복제를 금지하며
이 책 내용을 이용하려면 반드시 저작권자와 도서출판 곰단지의 서면동의를 받아야합니다.
이 책은 진주문화관광재단 〈2025년 생활문화동호회 활동 지원사업 - 문화어울림 네트워크 조성〉
지원을 받아 제작되었습니다.